LOS SIETE PECADOS CAPITALES

"Sed sobrios, y estad en continua vela; porque vuestro enemigo el diablo anda girando como león rugiente alrededor de vosotros, en busca de presa que devorar. Resistidle firmes en la fe, sabiendo que la misma tribulación padecen vuestros hermanos, cuantos hay en el mundo. Mas Dios dador de toda gracia, que nos llamó a su eterna gloria por Jesucristo, después que hayáis padecido un poco, él mismo os perfeccionará, fortificará y consolará. A él sea dada la gloria y el poder soberano por los siglos de los siglos. Amen."

—Primera Epístola de San Pedro 5:8-11

LOS SIETE PECADOS CAPITALES

"El reino de los cielos se alcanza a viva fuerza, y los que se la hacen a sí mismos, son los que lo arrebatan."
—Mateo 11:12

"Qué Dios sea glorificado en todas las cosas".
—Regla de San Benito

TAN Books
Charlotte, Carolina del Norte, EE. UU.

Nihil Obstat: William J. Blacet, J.C.L.
Censor Librorum

Imprimatur: ✠John P. Cody, S.T.D.
Obispo de Kansas City-St. Joseph
Julio 16, 1959

Publicado originalmente en inglés en 1959 por el Convento Benedictino de Adoración Perpetua en Clyde, Missouri. Recomposición tipográfica y publicación en 2000 por TAN Books. Traducido al español por Araceli Anatrella, 2011.

Nota de la traductora: Las citas bíblicas son tomadas de la Sagrada Biblia, Nueva Edición Guadalupana traducida del latín al español por Félix Torres Amat en 1950.

ISBN: 978-0-89555-822-0

Impreso y encuadernado en India

TAN Books
Charlotte, Carolina del Norte, EE. UU.
2017

"Entender verdaderamente la naturaleza y los efectos de los pecados capitales es el primer paso para combatirlos. Tomemos las armas ahora y ¡vayamos a la batalla! ¡Llegaremos a ser lo que **queremos** ser!"

(Página 54)

ÍNDICE

LOS SIETE PECADOS CAPITALES

"Porque no es nuestra pelea solamente contra hombres de carne y sangre, sino contra los príncipes y potestades, contra los adalides de estas tinieblas del mundo, contra los espíritus malignos esparcidos en los aires. Por tanto, tomad las armas todas de Dios, o todo su arnés, para poder resistir en el día aciago, y sosteneros apercibidos en todo. Estad pues a pie firme ceñidos vuestros lomos en el cíngulo de la verdad, y armados de la coraza de la justicia y calzados los pies prontos a seguir y predicar el evangelio de la paz. Embrazando en todos los encuentros el broquel de la fe, con que podáis apagar todos los dardos encendidos del maligno espíritu. Tomad también el yelmo de la salud; y empuñad la espada espiritual o del espíritu (que es la palabra de Dios).

—Efesios 6:12-17

MI RESOLUCIÓN PARA EL DÍA DE HOY

Resuelvo este día:

Hacer todo lo que pueda para resistir el mal y hacer solamente el bien.

Satisfacer fielmente todas las responsabilidades de mi estado de vida.

Ser amable y honrado con toda la gente con la que tenga contacto.

Preservar la pureza de mi alma.

Si me tienta el maligno, repetiré en mi corazón las siguientes palabras: "¡Haz lo que es correcto, se correcto, se alegre!"

Para poder cumplir esta resolución, pido la ayuda de Dios, mi Creador.

Introducción

LOS SIETE PECADOS CAPITALES

Aquí está un monstruo de siete cabezas contra el cual cada uno de nosotros tiene que luchar toda la vida. Este monstruo es EGOÍSTA o EGÓLATRA. Sus siete cabezas son: **la soberbia, la avaricia, la lujuria, la ira, la envidia, la gula y la pereza.** El Obispo Fulton Sheen los llama "los siete portadores mortuorios del alma" y les da los siguientes nombres: egolatría, amor excesivo al dinero, sexo ilícito, odio, celos, indulgencia excesiva y holgazanería. ("*Paz del alma*" p. 109).

Como resultado del Pecado Original, cada uno de nosotros tiene una tendencia innata a afirmarse, a querer ser el "centro" de las cosas, a hacer prevalecer su voluntad sobre la de los demás. Nuestras grandes pasiones son para nuestro bien supremo, pero a menudo no comprendemos cual es este bien y lo buscamos de una manera incorrecta. Necesitamos entender que nuestro bien, el mejor de todos, es Dios. Dios es nuestro último fin y nuestra recompensa. Él nos ha mostrado la forma de llegar hacia Él por medio de Cristo, que se llama "el camino".

Debemos reconocer nuestra relación con Dios como criaturas que tienen el deber de amarlo y servirlo de una manera que Él quiere y desea, para que podamos poseerlo en el cielo o "salvar nuestras almas" como lo expresamos comúnmente. Ahora bien, cuando estamos envueltos en nuestro propio ego, aunque no nos demos cuenta de este hecho, todo lo que pensamos, decimos y hacemos gira alrededor de nuestro propio ser. Somos realmente "egoístas", aunque nos tratemos de convencer a nosotros mismos que estamos siguiendo a Cristo y buscando a Dios.

Entonces, la batalla contra el egoísmo se pelea simplemente con nuestra personalidad. Específicamente, está en nuestra voluntad. En la fuente de la egolatría y de la voluntad propia, se originan la soberbia y los otros Pecados Capitales que producen una cantidad de descendientes, grandes y pequeños. Si estamos motivados fuertemente por el egoísmo, rara vez nos "negaremos" a nosotros mismos, como Nuestro Señor nos enseñó, con caridad, amor, sacrificio, humildad, obediencia, paciencia, generosidad o lo que sea el llamado al deber y la virtud. En cambio, nuestra egolatría alimentará los vicios y nos atraparemos cada vez más en ellos.

Seguir el camino de la egolatría es rechazar el amor a Dios. Este recorrido es peligroso para la salvación. Ningún alma puede entrar al cielo hasta que se haya purgado de toda la egolatría y la voluntad propia y exista solamente para Dios, es decir, hasta que se santifique. Probablemente, para la mayoría de las personas que se han salvado, la mayor parte de esta purga tiene que ser hecha en el purgatorio, porque el alma no lo hizo en la tierra. Pero si el alma, para expresarlo de otra manera, si nosotros rechazamos la voluntad de Dios por nuestra propia voluntad y egolatría hasta la muerte, Dios se verá obligado a rechazarnos por toda la eternidad, porque nosotros lo hemos rechazado. Tal rechazo significa la condena eterna. Nuestro estado entonces incambiable se fijará en la egolatría y el odio a Dios, y en el infierno seremos simplemente un "centro enojado de nosotros mismos", un ego que debe aguantar infinitamente lo insoportable, la tortura incesante de ser atraído a Dios, pero estar encerrado en su propio odio eterno.

El conocimiento de los innumerables disfraces a través de los cuales la máscara de los siete pecados capitales se esconde, nos puede ayudar a conocernos a nosotros mismos y a continuar la guerra practicando las virtudes opuestas. Es imposible combatir a un enemigo al que no conocemos, al que no vemos, o que quizás, lo confundimos con un amigo. A menudo, este es el caso de los vicios, especialmente la soberbia y la pereza.

El propósito de este librito es dar una cierta perspicacia a la naturaleza de los Pecados Capitales, por lo menos nombrando algunas de las acciones múltiples que tienen su raíz en un vicio particular. Este conocimiento de carácter, grado, acción y relación familiar de los siete vicios, esperamos, sea provechoso para los que encuentran difícil examinarse a sí mismos, ya que los exámenes de conciencia dan a menudo solamente los nombres de los Pecados Capitales.

Un escritor de antaño, en armonía con el espíritu de su tiempo, trae el salvajismo de los Pecados Capitales representándolos en forma de animales. La soberbia se caracteriza como un león; la codicia o avaricia como un zorro; la lujuria como un escorpión; la ira como un unicornio, “que lleva en su nariz el cuerno con el que empuja a todos los que se le acercan", la envidia como una serpiente venenosa, la gula como "los cerdos de la codicia" y la pereza como un oso.

El mismo escritor dice que es el diablo el que incita en nosotros tentaciones a los pecados de malicia, tales como el orgullo, la arrogancia, la envidia, la ira y otros incontables pecados que salen de estas raíces. Porque los pecados de malicia son especialmente pecados de mente o pecados "espirituales", que son más graves en su naturaleza. La carne, dice él, naturalmente nos inclina a la lujuria y la gula; la facilita y la permite. Son pecados del cuerpo o "carnales" y más vergonzosos a la vista del hombre.

Finalmente, el mundo nos impulsa a codiciar la riqueza, la prosperidad, el honor y otras satisfacciones que son solamente falsas ilusiones y nos hacen enamorarnos de las sombras.

Nuestro Señor probablemente se refirió a los siete vicios cuando habló del espíritu impuro que sale de un hombre y vaga en lugares desiertos, buscando un lugar de descanso y al no encontrar ninguno, regresa con "otros siete espíritus peores que él" (*Mateo* 12:45).

Naturalmente, mientras más a menudo consentimos las tentaciones que despiertan cualquiera de los vicios, más profunda se hace la raíz del vicio en nosotros, hasta que a la larga, se forman los hábitos de pecado que son muy difíciles de romper. Por lo tanto, necesitamos estar siempre vigilantes en la lucha contra los pequeños pecados si queremos salir victoriosos en las grandes batallas que tendremos que librar.

Capítulo 1

LA SOBERBIA

LA SOBERBIA fue el **primer pecado cometido**. Fue el pecado de Lucifer. Fue también la raíz del Pecado Original cometido por Adán y Eva.

La soberbia es el más grande de los pecados porque es la cumbre del ególatra y se opone directamente a la sumisión a Dios. Es por lo tanto, el pecado más odiado por Dios y el que Él castiga más severamente. El castigo de los Ángeles, de Adán y de Eva, de Nabucodonosor, relatado en el libro de Daniel (4:27-30), da testimonio de esto.

La soberbia es así mismo el pecado más grande porque es el origen de la egolatría en la cual se arraigan el resto de pecados: "No permitas jamás que la soberbia domine en tu corazón o en tus palabras, porque de ella tomó principio toda especie de perdición" (*Tobías* 4:14). Hay una especie de soberbia en cada pecado, cualquiera que fuese la naturaleza individual del pecado mismo.

La soberbia es el más peligroso de los pecados, porque ciega nuestra comprensión y a menos de que algo finalmente nos haga caer en cuenta de la verdad, continuaremos día a día, en un autoengaño espiritual, imaginándonos que nuestros actos son buenos y virtuosos cuando ciertos hábitos realmente pueden ser viciosos. Cuando la soberbia nos ciega, no consideramos nuestros talentos y habilidades como regalos de Dios hacia nosotros, sino que atribuimos nuestras buenas cualidades a nosotros mismos, con el derecho de utilizarlos como queramos.

¡Todos estamos infectados con el virus de la soberbia! Pero hay una clase particular de soberbia en cada individuo, al menos una clase particular es la que domina en cada persona, aunque puede haber varios de sus virus en el mismo personaje. Esta soberbia determina nuestro temperamento o nuestro tipo de carácter y está íntimamente relacionada a él. Tratar de descubrir nuestro tipo de soberbia es muy importante para obtener un conocimiento verdadero de nosotros mismos y para esforzarnos en dejar el pecado y el vicio de nuestra vida.

Si tenemos un temperamento **sanguíneo**, nuestra soberbia toma la forma de egocentrismo. Queremos ser el "eje de la rueda", queremos que otros nos pongan atención. Somos delicados y nos ofendemos fácilmente. Nuestra soberbia nos acosa a buscar la fama y la admiración. Caemos en la vanagloria.

Si tenemos un temperamento **colérico**, nuestra soberbia se manifiesta en una fuerte voluntad propia. Encontramos difícil someternos a otros o ceder a sus opiniones. Somos a menudo autoritarios, críticos, dados a la discusión, con un sentido de superioridad elevado y desconsiderados con los derechos de los demás.

Si somos **melancólicos**, nuestra soberbia se encubre bajo el atuendo de la autocompasión y la supersensibilidad. El resentimiento y el rencor, la desconfianza y la hostilidad inexpresada se incluyen en este tipo de carácter. A menudo esta soberbia no se reconoce por lo que es y se oculta como tal, así que no lo confesamos como soberbia.

Si tenemos un carácter **flemático**, nuestra soberbia nos inclina a la autocomplacencia y a la vanidad. Probablemente nos horrorizan las faltas de los demás, pero estamos absolutamente satisfechos con las nuestras.

La **soberbia de superioridad** hace que queramos controlar las vidas de otros, que nos impongamos ante ellos, "dominarlos". Hace nuestra voluntad rígida e inflexible cuando otros afirman su autoridad.

Es la voluntad propia y la obstinación lo que nos pone en contra de la voluntad de Dios, se opone a nuestro prójimo y nos hace inflexibles al realizar lo que dicta nuestro amor propio. La ira, la indignación, la altiveza, el espíritu de contradicción y la arrogancia son algunos de sus descendientes. Esta soberbia se arraiga generalmente en una mente pertinaz que nos hace que rehusemos a ver la luz de la razón o la verdad evidente por principios de fe reveladora. Esta falta de voluntad fomenta la ignorancia. Es la soberbia la que aparta a muchos de la Iglesia o les evita regresar a practicar la fe cuando se han alejado.

Conectados de cerca a esta clase de soberbia, o quizás debemos decir que otro nombre para esta, es la **soberbia de independencia**. Esta nos lleva a la desobediencia y a la insubordinación, al desprecio y a la contradicción arrogante, a la negación de consejo y ayuda, a resentir el reproche de la autoridad legal, a blasfemar contra Dios, a maldecir amargamente, a jurar y ser irreverente de palabra y obra.

Las falsas ilusiones con respecto de nuestros propios defectos, la vanidad, el atribuir a nosotros mismos nuestras buenas cualidades de la mente, persona o fortuna, en lugar de atribuirlas a Dios, revelan la **soberbia de intelecto**. Los pecados contra la fe se presentan con este tipo de soberbia.

La **soberbia de ambición** nos lleva a buscar posiciones de honor y dignidad por las cuales nos preferimos antes que a los demás, sin importar cuán dignos podamos ser. Hace que soñemos en esquemas y proyectos y emprendamos cosas presuntuosamente, incluso cuando somos ignorantes de cómo hacerlas. La confianza excesiva hace que sobrestimemos nuestras habilidades. Los deseos no moderados, la vanagloria, el deseo de alabanza, la ostentación y el uso inmoderado de las cosas necesarias para vivir para que nos pongan en un pedestal más alto, provienen de esta soberbia. Nos llevan a la adulación y a la hipocresía.

Podemos tener una **soberbia de vanidad espiritual**, imaginándonos que somos perfectos y nuestros actos son siempre virtuosos o encontrando mil razones para disminuir su gravedad o para excusar nuestras faltas cuando las reconocemos.

Nuestra soberbia puede vestirse bajo una apariencia de **naturalismo**, en cuyo caso no practicamos contenernos en nuestro comportamiento, modestia en nuestro lenguaje, respeto en nuestra obediencia. Nos engañamos en nuestra humildad, somos agresivos en nuestra conversación, empedernidos en nuestro odio, enemigos de la sumisión, codiciosos de poder, deseosos de suplantar a otros, indolentes en la acción y el trabajo. Actuamos impulsivamente y nos entrometemos en los asuntos de otros. Deseamos saber todo sin restringir nuestra curiosidad. Nos gusta hablar siempre, incluso de lo que no entendemos.

Podemos tener una soberbia que nos haga **cínicos**. Si es así hablamos sarcásticamente y utilizamos palabras cortantes. Ponemos en ridículo a otros, los regañamos y juzgamos.

La **soberbia farisaica** nos lleva a la jactancia y a criticar a los demás. Nos hace muy habladores, nos lleva a las mentiras y las contradicciones, a estimar la posición social alta en lugar de la virtud. La soberbia y el menosprecio a los que creemos que son inferiores surgen aquí. Se manifiesta con un legalismo en nuestras acciones, haciéndonos satisfacer nuestros deberes sin espíritu, pero con hipocresía.

Nuestra soberbia puede ocultarse en **sensibilidad** o autocompasión. En este caso estamos excesivamente ansiosos de lo que otros piensan de nosotros.

Nos obsesionamos sobre males imaginados y no perdonamos fácilmente a los demás. Se liga de cerca a esta forma de soberbia, la **soberbia de timidez,** que proviene del miedo sin razón. Nos hace temerosos de las opiniones de los demás, de modo que complacemos al respeto humano solamente. Bajo su impulso no actuamos cuando debemos, porque un miedo sin fundamento nos detiene encadenados en una pereza espiritual que paraliza nuestros esfuerzos y nos hace incapaces de ser determinados y así dejamos pasar las oportunidades sin aprovecharlas.

La **soberbia de escrupulosidad** fija nuestra atención en cosas incorrectas, de modo que prestamos atención exclusiva a lo que no merece tal atención, mientras que somos inescrupulosos con las cosas que deben preocuparnos.

Nuestra soberbia puede centrarse en nuestra riqueza y prosperidad, nuestra estación en vida, nuestra ropa fina, nuestra inteligencia, belleza o fuerza. Puede incluso crecer por nuestra piedad y buenas costumbres, como está indicado en algunas de las agrupaciones mencionadas anteriormente.

La soberbia puede arruinar todas las virtudes y meternos en cualquier clase de desorden. La persona soberbia es capaz de cualquier pecado. "A la caída precede la soberbia, y antes de la ruina se remonta el espíritu" (*Proverbios* 16:18). Por lo tanto en la vida espiritual es necesario luchar contra este vicio en cualquier modo que se presente. Si permitimos que entre en nuestro corazón, los gérmenes de todos los vicios entran con él y pronto seremos esclavos de Satanás. Debemos tener cuidado de no ser atrapados por él, porque el fin del soberbio, del pecador no arrepentido, como fue revelado por Dios, es el fuego eterno del infierno, en compañía de los demonios.

Remedios para combatir la soberbia

La única manera de conseguir vencer la soberbia es practicando la **humildad**. Puede sonar como una contradicción, pero el hombre humilde se da cuenta que es soberbio y seriamente se esfuerza en superar las manifestaciones de la soberbia en su vida.

Al esforzarnos en ser humildes, debemos siempre tener ante nuestros ojos el ejemplo de Nuestro Señor. Debemos tener presente sus promesas a favor del humilde y la justicia que reserva para el soberbio.

Debemos aferrarnos a Dios y hacer Su voluntad con toda nuestra alma. Debemos recurrir a la oración, pidiendo repetidas veces por esta virtud. Debemos vivir en la presencia de Dios, negándonos a nosotros mismos y practicando las virtudes cristianas, especialmente la paciencia, la tolerancia, la caridad, la mansedumbre, la sumisión, el abandono a Dios, la conformidad con Su voluntad, la simpatía, la confianza en Dios, el remordimiento de corazón a causa del pecado y la modestia. No debemos buscar honores, sino admitir que no somos nada y carecemos de virtud. Debemos estar dispuestos a aceptar humillaciones y a esforzarnos en buscar a Dios en todas las cosas.

Capítulo 2

LA CODICIA O AVARICIA

LA CODICIA o avaricia, es un amor excesivo a las cosas mundanas. Es el deseo de acumular y poseer cosas materiales. Nos induce a emplear toda clase de medios, justos e injustos, para adquirirlos. De hecho, es una demostración de la desconfianza que tenemos en Dios y en Su divina Providencia.

Si somos codiciosos, no amamos a Dios, ni a nuestro prójimo, ni a nosotros mismos. Amamos al dinero y a las posesiones. No amamos y servimos a Dios, porque ningún hombre puede, al mismo tiempo, amar y servir a dos amos: Dios y Mammon. Sabemos esto de las mismas palabras de Cristo. (*Mateo* 6:24). Ni tampoco amamos a nuestro prójimo, porque estamos listos a realizar, y sí que realizamos, cualquier clase de injusticia para aumentar nuestra propia fortuna. Incluso no nos amamos a nosotros mismos, por lo menos no amamos nuestra alma, porque no utilizamos nuestras posesiones para aumentar nuestro tesoro espiritual, sino para vender nuestra alma al diablo. Si no amamos a Dios, a nuestro prójimo, o a nosotros mismos, no tenemos caridad, y sin caridad ¿cómo podemos entrar al cielo? Sin caridad, ¿cómo podemos satisfacer nuestras obligaciones con Dios? Lo negaremos y abandonaremos. La Sagrada Escritura nos advierte: "La raíz de todos los males es la avaricia" (*1 Timoteo* 6:10).

Nuestro amor o codicia excesiva puede ser, no sólo de dinero, sino de otras cosas también: libros, cuadros, porcelanas, joyas, coches, casas, bienes raíces o cualquier otra cosa. Si somos ricos o pobres, podemos igual ser culpables de avaricia o codicia. Y, como en el caso de los otros vicios, este aumenta más, mientras más lo satisfacemos.

Podemos descubrir el vicio de la avaricia en nosotros mismos por nuestra dureza de corazón hacia los pobres o hacia nuestros familiares, incluso en nuestro desgano para contribuir con la Iglesia. Se puede fácilmente apreciar por el uso mezquino de lo que tenemos o por ser demasiado ahorrativos con lo que debemos usar. También lo podemos encontrar en nuestra indiferencia con las obras de caridad, en la acumulación de dinero o lo que sea a lo que estemos atados, al pagar nuestras deudas a regañadientes, al molestarnos por las pérdidas triviales y en el rechazo a dar o a prestar.

La malicia del verdadero avaro es evidente y repugnante. El avaro no pierde oportunidad para aumentar su riqueza. Emplea todos los medios para agregar a sus ahorros, sin tener en cuenta la justicia o la injusticia. Vive una vida pobre y desgraciada. Se lamenta por la menor desgracia o pérdida. Tiene un solo pensamiento: su dinero. Y a menudo, muere en la miseria y la pobreza, a pesar de poseer una gran fortuna.

Tal vez no nos clasificaríamos como avaros, pero tal vez grados menores de este vicio causan estragos en nuestra vida espiritual. Nos ciega al valor de las cosas espirituales. No tenemos tiempo ni gusto por Dios cuando estamos buscando siempre las cosas materiales y temporales. Nuestro Señor nos advierte en una parábola que si no somos vigilantes, las riquezas de este mundo sacarán de nuestra alma las semillas de la fe y la piedad. Nuestro apego a las posesiones puede dar lugar solamente a pecados veniales, pero la verdadera avaricia es clasificada por San Pablo como uno de los pecados más grandes, cuando él escribe de los que "quedando atestados de toda suerte de iniquidad, de malicia, de fornicación, de avaricia, de perversidad; llenos de envidia, homicidas, pendencieros, fraudulentos, malignos, chismosos, difamadores, enemigos de Dios, ultrajadores, soberbios, altaneros, inventores de vicios, desobedientes a los padres, irracionales, desleales, despiadados" (*Romanos* 1:29-31).

El deseo de poseer se arraiga profundamente en nuestra naturaleza humana. Es un apetito difícil de controlar y suprimir. Bajo su impulso encontramos excusas en todas partes para adquirir posesiones: debemos proveer por nuestra familia, debemos mirar hacia nuestra edad avanzada, nuestra salud, nuestra seguridad, nuestro honor. ¡Debemos tener cierto placer! Podemos recurrir, por causa de la avaricia, a toda clases de medios, legales o ilegales, para adquirir y garantizar la posesión de dinero, propiedades y posición que deseamos. Podemos mentir, engañar, robar, dejarnos sobornar, dar falso testimonio, traicionar a amigos. Podemos recurrir a la extorsión, a la violencia y al asesinato. Podemos ser crueles y duros de corazón con los pobres porque nuestro único propósito es tener más de lo que codiciamos, o al menos, preservar lo que tenemos.

Santo Tomás de Aquino precisa que una persona no puede tener una superabundancia de las cosas del mundo sin que otra carezca de lo necesario. Vemos pruebas de esto en todas partes. Donde hay gente que tiene superabundancia de cosas terrenales, hay injusticia hacia otros. La avaricia causa mucho descontento y fricción. Fomenta la desunión entre ricos y pobres.

Remedios contra la avaricia

Luchamos contra la avaricia con la generosidad, liberalidad, amabilidad y misericordia. "Bienaventurados los misericordiosos porque ellos alcanzarán misericordia" (*Mateo* 5:7). La generosidad anuncia una disposición sana del corazón. Abre la puerta a un mayor amor a Dios, a la paz interior, a la consideración por los demás. La Santa Escritura nos dice que: "Mucha mayor dicha es el dar, que el recibir" (*Hechos* 20:35).

Incluso si no somos ricos, podemos conseguir que nuestros corazones se desapeguen de las cosas materiales y gastemos menos dinero en nosotros mismos para poder dar algo a los pobres, las misiones y otras obras de caridad. Necesitamos practicar caridad y desapego para no estar demasiado atados a las cosas de este mundo. No debemos dejar que las ansiedades de esta vida, con sus riquezas, su vanidad de honores y placeres pasajeros, prevengan o nos distraigan de buscar la verdadera riqueza de la vida venidera.

En conclusión, puede estar bien agregar que la codicia puede tener una parte contraria espiritual en nuestros ejercicios de piedad, cuando buscamos solamente placer espiritual en ellos por nosotros mismos. Debemos más bien realizarlas con un deseo de expresar nuestro amor a Dios y cumplir Su voluntad, que sabemos desde la primera lección del catecismo, es el propósito de nuestra vida en la tierra.

Capítulo 3

LA LUJURIA

CUANDO hablamos de LUJURIA, nos referimos generalmente a la **impureza**. La impureza es un vicio vergonzoso porque cambia un poder bueno y hermoso por el pecado. Este vicio se opone a la castidad, sobre el cual Nuestro Señor nos dice que hace a los hombres como ángeles. La castidad es definida por Santo Tomás como la virtud que regula los deseos y placeres sensuales de los casados y los prohíbe absolutamente a los solteros. Por lo tanto, la lujuria o la impureza es buscar placeres ilegales, especialmente con el sentido del tacto. Los pecados de impureza profanan el alma y el cuerpo, que es el templo del Espíritu Santo y está destinado a la resurrección del cuerpo que será glorificado por siempre.

El oído modesto se ofende por los mismos nombres de los pecados cometidos por la lujuria, como son el adulterio, la fornicación, el incesto, la violación, el control de la natalidad, el aborto, el pecado solitario (o la masturbación). San Pablo dice sobre el particular: "Ni aún se nombre entre nosotros" (*Efesios* 5:3). Los nombramos sólo para inspirar horror hacia ellos mismos.

La impureza se envuelve alrededor de nuestros sentidos y por medio de ellos entra a nuestra alma. Nos ciega a los valores espirituales, opaca nuestra mente, debilita nuestra voluntad y nos lleva a preferir un bien creado por nosotros antes que a Dios mismo. Podemos cometer pecados de la **mente*** con pensamientos impuros; pecados de los **ojos** entregándonos a la curiosidad, con miradas impuras a otras personas, fotos o cosas, con la lectura pecaminosa; pecados de los **oídos** escuchando conversaciones, historias, bromas, canciones indecentes, lascivas y sugestivas; pecados de la **nariz** disfrutando de olores sensuales; pecados de la **boca** con palabras y canciones impuras y con la falta de reprender la charla maligna; pecados de los **labios** con besos sensuales; pecados de las

* Con respecto de esta lista de pecados de la mente, ojos, nariz, etc., se debe considerar que el consentimiento voluntario es necesario para cometer el pecado, sin el consentimiento no hay pecado.—*Editor, 2000*

manos con el tacto, mimo, abrazo u otras acciones pecaminosas; pecados del **corazón** con deseos impuros, no reprimiendo las sensaciones impuras cuando se despiertan sin intención; pecados que ocasionamos a **otros**; pecados que se presentan por la **compañía** que llevamos.

La indulgencia de la impureza de cualquier forma es simplemente contraria al plan de Dios. Las personas casadas, aunque disfrutando legalmente de los placeres sexuales que se santifican con la unión matrimonial, deben también observar castidad según su estado por medio de un razonable autocontrol. Cualquier conducta inapropiada con respecto de otro es doblemente grave para las personas casadas. Si la castidad es la castidad consagrada del sacerdocio o del claustro, la castidad del soltero o la castidad del casado, lo debemos ver como una dedicación de nuestro poder al servicio de Dios. Entonces será una influencia que nos permitirá elevar al mundo sobre nosotros.

A la impureza a menudo la persiguen otros males. Ciega la mente, pervierte la voluntad y endurece el corazón. Causa inconstancia en el arrepentimiento, aversión a Dios porque Su ley prohíbe el placer deseado y fomenta un amor excesivo a las cosas de este mundo. Causa ansiedad mental con temor al castigo futuro. Lleva a menudo a las enfermedades y a la locura. La desobediencia, el escándalo y la pérdida de fe pueden luego aparecer. Las confesiones no sinceras y comuniones sacrílegas son a menudo el resultado de las prácticas impuras. La lujuria o la impureza probablemente causan la pérdida de más almas que cualquier otro pecado.

La vulgaridad, la sensualidad y la impureza se alimentan de la ociosidad, el apego a lo fácil y cómodo, así como al exceso en la comida y la bebida. La literatura obscena y sugestiva, las películas y programas de televisión escandalosos, los cuadros inmodestos, el baile pecaminoso, la ropa y la compañía inmodesta, pueden llevarnos a acciones pecaminosas. La asociación frecuente con el sexo opuesto, como en el caso de las personas "que están saliendo exclusivamente" sin la expectativa de un matrimonio en el futuro cercano, ocasiona a menudo pecados mortales de impureza.

Salvaguardias de la pureza

Una de las causas del Pecado Original es que la lucha contra la impureza continúa a través de la vida y exige una custodia constante de los sentidos, pensamientos, deseos y formas de hablar. La modestia en el vestir, la cautela en las acciones y una cuidadosa selección al escoger la forma de entretenerse, son medidas preventivas necesarias para preservar la pureza en nosotros mismos y en los demás. Así mismo, el espíritu de penitencia y abnegación, la recepción frecuente de los sacramentos, la docilidad y la oración al Espíritu Santo son medios necesarios que necesitan emplearse como armas en esta batalla. No podemos jugar con fuego sin quemarnos; no podemos exponernos a la impureza y no pecar. Con humildad y desconfianza debemos "volar" de las ocasiones de pecado, porque como la Santa Escritura nos dice: "Quien ama el peligro perecerá en él" (*Eclesiásticos* 3:27).

Los malos pensamientos, aunque sean indecentes y abominables, no son pecados. Solamente consintiendo en ellos es como cometemos pecado. Los superamos cuando invocamos el santo nombre de Jesús y el de María. Durante los asaltos de tentación es muy útil renovar nuestra resolución de morir antes que ofender a Dios. Es también una buena práctica santiguarse varias veces con agua bendita. Es de gran ayuda revelar la tentación a nuestro confesor. Pero la oración, es el mejor remedio de todos, acompañado de pedidos de ayuda a Jesús y a María.

Capítulo 4

LA IRA

LA IRA es una de las pasiones del alma. Procede de una ofensa verdadera o imaginaria que hace que queramos "ajustar cuentas" con el ofensor. Cuando el deseo de venganza no es reprimido, se convierte en un pecado y un vicio. Se opone a la caridad y a la justicia. Toda clase de ira, sin embargo, no es un vicio. Un esporádico ataque de furia no es el vicio de ira, pero puede ser un pecado. Hay también una forma de ira que es buena y virtuosa, como parte de una buena causa, como en el caso de Nuestro Señor cuando sacó a los mercaderes del Templo.

Nos dejamos llevar por la ira y el odio cuando guardamos resentimiento en nuestro corazón contra una persona o personas, cuando planeamos hacer daño a cualquier persona de palabra o de obra, cuando utilizamos un lenguaje insultante hacia el ofensor. Somos culpables de ira cuando nos enfadamos e indignamos a tal grado que pegamos o lastimamos a otros, cuando discutimos y peleamos violentamente con otros, o cuando con la expresión desagradable en nuestro rostro o nuestro silencio, demostramos nuestro resentimiento hacia alguien. Nuestro pecado es muy, muy serio, si guardamos rencor u odio en nuestro corazón por días, meses o años y no damos señales de amabilidad y amistad. Somos también culpables de ira si abusamos de nuestra autoridad y castigamos a un inferior más de lo que merece. Podemos incluso dirigir nuestra ira hacia Dios, interior o exteriormente, mediante la blasfemia apasionada.

La ira es un vicio destructivo y altamente perjudicial. Un ataque de furia nos priva de la razón y nos aparta de Dios; nos separa de amigos y de familiares. La ira ofusca el intelecto y su obstinación irracional hace que pisoteemos los derechos de otros.

La ira destruye la paz y produce guerras desastrosas, causa toda clase de males, discordias, enemistades, peleas de muchos años, insultos, rencores, difamaciones, blasfemias, odios, venganzas y asesinatos. La ira mata la caridad y es un obstáculo a la gracia de Dios, nuestro regalo más grande.

Cómo contrarrestar la ira

Si nuestro problema es la ira, debemos descubrir porqué nos enojamos fácilmente y a menudo y, debemos luchar, velar y rezar para superarla. Cualquiera que sea la ofensa y quienquiera que sea el ofensor, debemos convencernos de que Dios lo ha permitido para probarnos y hacer que nos acostumbremos a practicar la mansedumbre, de tal modo que aumentemos nuestros méritos. En lugar de ceder a las cosas que aumentan nuestra ira, debemos controlarnos y mantener la serenidad, para no demostrar el disturbio o revelar el rencor mediante obras o palabras.

Un escritor espiritual da este excelente consejo: "Siempre tenga dentro de usted mismo un pacífico refugio donde pueda extinguir cada sentimiento de ira. De tal modo que, después de que lo hieran, debe no solamente mantener sus labios en silencio, sino también mantener un silencio interno y, después de calmarse, esforzarse por calmar la perturbación de la persona que se encolerizó contra usted. El recuerdo de la lesión recibida no se debe renovar en absoluto" (Dom Van Houtryve, O.S.B., *En la paz Benedictina.*)

Controlar la ira es someternos a Dios. Un genio bajo control atrae a otros y es garantía de una íntima alegría. "Una respuesta suave aleja a la ira". Si somos apacibles y mansos cuando nos provoquen, apaciguaremos la ira de la otra persona, que muy probablemente puede estar disgustada también. Debemos recordar siempre: Dios prohíbe toda venganza. Si otros han despertado nuestra ira, debemos perdonarlos de corazón. Nuestro Señor enseña que debemos buscar una oportunidad para demostrar amabilidad, porque hacer el bien a otros hace que los amemos y tal acción pone un sello exterior en nuestro perdón interno.

Necesitamos la gracia de Dios para superar la ira y practicar la serenidad todo el tiempo. Debemos rogar a menudo a Dios para que nos conceda calma, tranquilidad y paz y, pedirle rápidamente que nos ayude en momentos de tentación.

Si somos por naturaleza propensos a la ira, debemos prestar particular atención a la petición en el Padre Nuestro, donde decimos: "Perdona nuestras ofensas, así como **nosotros perdonamos a los que nos ofenden**" y hacer el esfuerzo de perdonar a los demás de todo corazón. Esta es la virtud sobrenatural de tolerancia, mansedumbre y perdón pacientes.

La ira es la hija del orgullo ofendido que no puede soportar la contradicción y del egoísmo, que busca su propia comodidad y conveniencia. Se opone a la paz interior, que es uno de los requisitos para progresar en la vida espiritual. Ya sea que tome la forma de irritación explosiva o resentimiento desagradable, no tiene lugar en la vida cristiana. Controlar la forma más leve de impaciencia e irritabilidad, le ayudará a ir lejos en prevenir un brote de la pasión de la ira.

Capítulo 5

LA ENVIDIA

LA ENVIDIA es la raíz de la cual nace el odio, la calumnia, la detracción, la alegría en la desgracia de otros y la aflicción en su prosperidad. Cada forma de odio, distensión, contención, pelea, persecución, murmuración, celo, desprecio, falta de caridad, malicia y mala voluntad procede de esta. Porque otros disminuyen nuestros propios méritos y derecho a la estimación, dirigimos nuestra envidia hacia los bienes temporales y las posesiones de otras personas o contra sus regalos espirituales y buenas cualidades.

Este vicio descontenta mucho a Dios y se opone a Su gracia; sin embargo, no le damos la atención que merece. Esencialmente, es ingratitud a Dios.

La envidia es producto de la soberbia. Deseamos ser superiores al que envidiamos, así que nos afligimos sobre sus buenas cualidades o las minimizamos y disfrutamos cuando les acontece una desgracia. Damos una interpretación malvada a lo que dicen y hacen y exponemos cualquier defecto que observamos en ellos.

La envidia destruye la caridad de nuestro corazón, nos impide avanzar en perfección y nos hace odiosos a Dios. Nos torna desagradecidos, de modo que no damos las gracias por los beneficios recibidos, sino que incluso los podemos llegar a despreciar.

Remedios para la envidia

No hay nada más difícil de curar que la envidia, nada que cause al alma más sufrimiento, fastidio y tormento a la mente. La envidia corroe el corazón como un gusano. El principal remedio es la oración ferviente, la práctica de humildad y la reflexión sobre la gravedad de este pecado, la dificultad de su curación y el mal que fluye de él. Las vidas de los santos ofrecen muchas inspiraciones.

La virtud que ayuda a contrarrestar la envidia es la **caridad** o el **amor fraternal**. El amor fraternal nos hace considerar el interés de nuestro prójimo como si fuera el nuestro. Nos hace que estemos dispuestos a sufrir por los demás, nos inspira una profunda simpatía y pesar de las pruebas de los demás y nos da la voluntad de ayudarlos. Nos llena de sincera alegría por sus éxitos y reprime cualquier sentimiento de rencor o mala voluntad que se presente.

La envidia es una herramienta del diablo, que está alrededor del mundo buscando la ruina de las almas porque envidia su bien y quiere vengarse contra Dios destruyéndonos. Si no queremos ser su herramienta, debemos esforzarnos en hacer las paces y amar la regla fundamental de nuestra relación con los demás. Todos somos hermanos ante Dios y por medio del Bautizo nos hemos convertido en miembros del Cuerpo Místico de Cristo. Por lo tanto, cuando lastimamos a otros, pecamos contra Nuestro Señor y contra nosotros mismos. Debemos ver a Cristo en todos los hombres, debemos hablar siempre bien de los demás, defenderles y ayudarles con actos de la caridad. Somos un solo Cuerpo, buscando el mismo fin, la vida eterna en el cielo. Y como somos un solo Cuerpo, tenemos que estar animados por un solo Espíritu, el Espíritu de Cristo, el Espíritu Santo que es CARIDAD.

Capítulo 6

LA GULA

LA GULA es un amor no regulado por la comida y la bebida. Es el apetito fuera de orden, por el cual abusamos del placer legítimo que Dios ha puesto en la comida y la bebida. Se dice a veces que la gula nos hace "como un animal", aunque los animales rara vez comen o beben en exceso. Con todo hay una cierta verdad en esta declaración porque la gula entorpece la mente, es decir, el intelecto y la razón, que son las facultades que nos hacen superiores a los animales.

La gula es la fuente de serios obstáculos en nuestra vida espiritual. No es fácil estudiar o rezar después de comer o beber demasiado. La gula debilita la voluntad y fomenta un espíritu de holgazanería, sensualidad e impureza. A menudo da lugar a la tontería y a la charla vulgar u obscena.

Podemos ser lo que se llama un "glotón" comiendo demasiado o consumiendo el alimento rápida y ávidamente. Podemos ser un "gastrónomo" siendo demasiado exigentes y queriendo inusuales alimentos y golosinas. Podemos cometer pequeñas faltas siendo demasiado meticulosos, difíciles de complacer, críticos o inclinados a quejarnos de la comida.

La intoxicación o el uso excesivo de bebidas alcohólicas, que da lugar a la embriaguez, es la peor forma de este vicio. El ebrio ahoga su razón en el licor de tal forma que no sabe más lo que está haciendo. Su nocivo hábito le hace perder su buen nombre y hace que otros lo desprecien. Trae muy a menudo el empobrecimiento, la deshonra y el hambre a la familia. La ira, la maldición, la pelea, la lucha, el robo y el engaño son a menudo el resultado del abuso del alcohol.

Un hombre puede pegar a su esposa, a sus hijos u otras personas, o aún cometer un asesinato debido a este vicio. Los pecados de impureza son aliados cercanos de la gula. Incontables accidentes de autos resultan porque se maneja en estado etílico. Muy a menudo estos accidentes traen la lesión y muerte de varias personas. El ebrio frecuentemente muere en un estado de estupor, así que no puede arrepentirse de sus pecados y ¿cuál será entonces su destino eterno? Las Santas Escrituras dicen: "¿No sabéis que los injustos no poseerán el reino de Dios? No queráis cegaros, hermanos míos; ni los fornicarios, ni los idólatras, ni los adúlteros, ni los afeminados, ni los sodomitas, ni los ladrones, ni los avarientos, ni los borrachos, ni los maldicientes, ni los que viven de rapiña, han de poseer el reino de Dios" (*1 Corintios* 6:9-10).

Desafortunadamente, la embriaguez no se confina al sexo masculino, como lo era notablemente en años anteriores, sino que se ha convertido en un vicio común también entre las mujeres, en las que parece mucho más degradante.

Hay grados y niveles de ebriedad. La embriaguez total, que quita la razón, es pecado mortal. La ebriedad incompleta, cuando no hay un grave desorden, puede ser menos grave. El grado del pecado está de acuerdo con el grado del desorden.

Podemos convertirnos en cómplices del pecado de otros si les inducimos a que beban en exceso; consecuentemente, debemos tomar el mayor cuidado al ofrecer una bebida como señal de amistad y hospitalidad o al servir licor en eventos sociales. Sobretodo, es incorrecto insistir si una persona lo rechaza, así como también ofrecer bebidas fuertes a los jóvenes.

El alcoholismo con sus numerosas consecuencias viciosas es uno de los males más extendidos en nuestro tiempo. Sus víctimas son los hombres, las mujeres y la juventud. Arruina muchos hogares con la discordia y el divorcio. Arruina la vida de todo aquel que esté en su poder.

La Iglesia enseña que la moderación y sobriedad se deben siempre observar en el uso de bebidas alcohólicas. Para muchos, la abstinencia total es la única garantía que un día no cruzarán la línea y llegarán a ser alcohólicos como resultado de su primera indulgencia esporádica y legal.

Con respecto de este tema, el abuso de drogas y narcóticos debe también ser mencionado. Las drogas y los narcóticos tienen un uso necesario en enfermedades, pero se deben tomar solamente bajo prescripción médica debido al peligro de hacer de su uso un hábito común.

Cómo practicar la moderación

Al esforzarnos por alcanzar la templanza en la comida y la bebida, tenemos el ejemplo de Nuestro Señor en la penitencia, la sobriedad, la abstinencia y la aflicción para inspirarnos. Así mismo tenemos el ejemplo de los santos, que practicaron a menudo la abstinencia heroica, y sometiendo sus apetitos, preservaron la libertad del alma y aumentaron la fuerza, vigor y valor espiritual.

La Iglesia ordena el ayuno y la abstinencia de algunos alimentos durante ciertas épocas. El ayuno moderado o regulado tiene un efecto beneficioso incluso en la salud y el vigor del cuerpo, alerta a la mente y ayuda a refrenar las pasiones inferiores. La práctica de las otras virtudes se facilita y nos libra de la falta de mortificación habitual a la cual nos inclinamos.

El placer de comer y beber no es un fin en sí mismo, sino un medio para preservar la vida. El principio de guía para evitar la gula es la regla antigua de "comer para vivir" y no "vivir para comer". San Pablo nos suplica: "Ora comáis, ora bebáis o hagáis cualquier otra cosa, hacedlo todo a gloria de Dios" (*1 Corintios* 10:31).

Capítulo 7

LA PEREZA

LA PEREZA es flojera espiritual, aunque incluye también la flojera del cuerpo. Su causa es la falta de confianza en Dios y nos hace indiferentes en el uso de los medios necesarios para nuestra santificación. Es una aversión al esfuerzo espiritual, que lleva a la negligencia de la gracia. Su peor efecto es hacer que suspendamos nuestro retorno a Dios después de cometer un pecado mortal. ¡Cuántas almas que han descuidado su deber de Pascua o se han alejado de la Iglesia continúan, año tras año, poniendo en peligro su salvación porque no pueden romper los lazos de la pereza!

La pereza reside en nuestra mente y en nuestra voluntad. Es el más peligroso de todos los vicios porque nos hace rehusar a cooperar con la gracia de Dios. La pereza nos inclina a llevar hábitos de pecado y a desesperarnos por terminar su esclavitud. Puede llevarnos así a la obstinación final en el pecado y a la pérdida de nuestra alma.

Numerosos pecados veniales resultan de nuestra tibieza e indiferencia al servicio a Dios. Estos a su vez, debilitan nuestra voluntad y nos atrapan así en una red, la que no tenemos deseos de romper.

Podemos reconocer cómo la pereza nos afecta por nuestro desánimo en asuntos espirituales, por nuestra falta de voluntad, por la procrastinación, por nuestra disipación y trabajo inútil, que es una clase de actividad febril que nos distrae y no nos deja tiempo para atender las necesidades de nuestra alma; por la búsqueda de la facilidad y la comodidad corporal, por nuestra desidia, o por no hacer ningún bien en absoluto.

La pereza nos lleva a descuidar nuestros deberes. Nos hace que nos rindamos fácilmente a tratar de llevar a cabo nuestros propósitos. Nos abate y entristece porque sabemos que no estamos utilizando nuestras gracias divinas. Hace que hagamos las cosas a regañadientes porque no somos generosos al dar de nosotros mismos. Nos inclina a hablar mucho porque no queremos darnos cuenta de la realidad y así disipamos nuestra fuerza espiritual y suspendemos nuestra "conversión".

La parábola del criado perezoso, relatada por Nuestro Señor en el Evangelio de San Mateo

(25:14-30), nos advierte del peligro y la esterilidad de la pereza así como de su fin: el infierno.

Hay tres formas principales de pereza: **ocupación con cosas innecesarias**, que se ha mencionado anteriormente en la explicación de cómo nos desviamos de manera que no tenemos tiempo para escuchar la voz de la conciencia; **distracción** y **melancolía espiritual**.

La distracción destruye nuestro recogimiento en la oración, nos lleva a realizar nuestros ejercicios espirituales sin entusiasmo y atención y nos llena de una fatiga dominante de modo que pospongamos lo que debemos hacer aquí y ahora. Vemos solamente una carga intolerable en nuestros deberes, no el privilegio de hacerlos para Dios y de almacenarlos como mérito eterno en el cielo.

La melancolía espiritual o la depresión es una ira secreta con nosotros mismos y una especie de egolatría. Debido a esto, no tenemos valor de romper con nuestras faltas e imperfecciones y nuestros hábitos de pecado y sentimos desesperación. Esto a su vez nos hace polémicos y pendencieros. Para alejarnos de nuestro conflicto y ansiedad interna, recurrimos a criaturas y nos preocupamos de cosas innecesarias, mientras que continuamos en nuestro estado de tibieza, procrastinación y mediocridad o pecado.

Así mismo, nuestra melancolía espiritual da al diablo poder sobre nuestra alma. Es una condición del alma que conduce fácilmente a muchos pecados graves. Debilita y obstaculiza los efectos de los Sacramentos. Hace que los medios saludables de la vida espiritual actúen como veneno. Nos impide encontrar a Dios y aumenta nuestra infelicidad. Aunque realmente no estamos tratando de encontrar a Dios, sino solo recibir Su consuelo. La voluntad de Dios y Su honor no nos importa tanto como nuestros deseos y nuestra reputación. Nuestra meta no es Dios, sino nuestra propia paz o progreso espiritual; es decir, somos "egoístas" espiritualmente hablando. Hemos perdido la vista de nuestra verdad y su camino.

El Padre Faber dice de esta condición del alma: "La tristeza es una clase de discapacidad espiritual. Un hombre melancólico no puede ser más que un convaleciente en la Casa de Dios. Dios tiene que esperarlo como su enfermero en lugar de que él espere a Dios como su Padre y Rey... No hay una imbecilidad moral tan grande como la del quejumbroso y sentimental. Él que se pasa por la vida como si estuviera en una cama de enfermo, pobre, lánguida alma, ¿qué hará para Dios?"

Hoy, a la pereza se la llama a menudo "escapismo". La persona que es víctima de la pereza se da cuenta que está en una niebla espiritual y puede que trate de culpar a la aridez espiritual o a alguna otra causa, cuando es una **pasividad de la voluntad que destruye el amor.**

Podemos luchar para mantenernos a flote durante toda la vida y nunca reconocer que lo que nos impide crecer espiritualmente es la pereza. Nadie sabe cuánta gente se mantiene alejada de los Sacramentos o de la Misa diaria y la Santa Comunión debido a la pereza. Nadie puede juzgar cuánto se descuidan las obras de misericordia espirituales y corporales por las que seremos juzgados, debido a la pereza, pero es cierto que este vicio causa estragos de muchas formas.

Incluso la pereza de la mente que hace que evitemos ocupar nuestro intelecto en cosas útiles o trabajo serio, es muy peligrosa, porque una mente que no está ocupada tiende al mal y nada puede parar su rápida caída. Nuestra mente puede ocuparse con pensamientos culpables incluso cuando nuestro cuerpo está ocupado. Por otra parte, la pereza del cuerpo, el ocio y la inactividad, pueden causar miles de tentaciones a las que no podremos resistir debido a la debilidad y lentitud de nuestra voluntad que se duerme en la inacción de la pereza.

Debemos sacudirnos de la pereza porque evita que trabajemos en nuestra salvación y porque es la madre de muchos males. Si no sembramos nada, no cosecharemos nada. La vida es corta y los años son pocos para ganarse la dicha eterna del cielo. Debemos seguir el ejemplo de Nuestro Señor que ganó la gloria del cielo con obras y penitencias, por Su Pasión y Su Cruz. No poder acumular los méritos eternos es disminuir nuestro mérito en el cielo; no hacer penitencia por nuestros pecados es esperar un purgatorio largo; y, no lograr nuestra salvación eterna es fallar completamente y cosechar la aflicción eterna de la condena.

La diligencia o entusiasmo en el trabajo a Dios y el bien de las almas es la virtud contraria al pecado de la pereza; hace que el cumplimiento de nuestros deberes religiosos se facilite y nos llene de dicha. La luz de la fe se alimenta con las buenas obras, nos permite evitar muchas tentaciones y pecados y, nos ayuda a asegurar nuestra perseverancia final.

Remedios contra la pereza

Al luchar contra la pereza, debemos pelear fuertemente en contra de nuestras inclinaciones hacia la flojera y buscar ayuda en la oración y los Sacramentos. Debemos recordar el día del juicio. La lectura espiritual nos ayudará a animar nuestra lenta voluntad, pero sobretodo, la devoción al Espíritu Santo será muy eficaz, porque el miedo, no el amor, motiva a la pereza y el Espíritu Santo es el espíritu de amor, la fuente a la cual debemos ir para encontrar el antídoto contra la pereza, llamado, Amor Divino. Debemos suplicarle que vierta amor en nuestros corazones.

Capítulo 8

LAS SIETE RAÍCES DE LOS PECADOS

TODOS nuestros pecados son atribuibles a estas siete raíces, los siete Pecados Capitales. Estas siete fuentes de pecado se comparan con las enfermedades que afectan al cuerpo. La **soberbia** es un **cáncer** espiritual que come y consume nuestra vida. La **codicia** es como el **consumo** o la tuberculosis espiritual, consumiendo los poderes internos del alma. La **lujuria** es una **lepra** espiritual. La **ira** es una **fiebre** delirante. La **envidia** es el **envenenamiento** espiritual de la sangre. La **gula** lleva a una **enfermedad del sueño** que puede terminar en la muerte. La **pereza** es como una **parálisis** del alma que obstaculiza su progreso y causa el descuido de los medios para recibir gracias, indiferencia e incluso la obstinación en el pecado hasta el final. La soberbia y la pereza son los padres de la obstinación en el pecado hasta el final.

Entender verdaderamente la naturaleza y los efectos de los pecados capitales es el primer paso para combatirlos. Tomemos las armas ahora y ¡vayamos a la batalla! ¡Llegaremos a ser lo que **queremos** ser!

Capítulo 9

JESÚS, NUESTRO MODELO

IMAGÍNESE a sí mismo en su corazón el comportamiento de Jesús y Sus acciones: Cuán manso y tranquilo es Su comportamiento entre toda clase de hombres, qué cordial entre los Suyos, qué reservado al comer y beber, cómo se compadecía de los pobres, para quienes Él era igual en todo y pertenecía a Su propio círculo íntimo. Cómo Él no menospreció a nadie, ni se escondió de nadie, ¡ni del leproso, ni del pecador, ni del vergonzoso, ni del desvergonzado!

Cómo Él no cortejó al grandioso, ni le fue servil. ¡Cuán distante se mantuvo de los valores mundanos! ¡Cómo no se preocupó en lo absoluto de las necesidades corporales! Cómo dominaba Sus ojos, qué paciente fue cuando fue insultado, ¡qué gentiles fueron Sus respuestas! ¡Cómo no justificó Su honor con respuestas bruscas o amargas! Cómo devolvió la malicia con la tranquilidad y el silencio,

¡afirmando la verdad y ofreciendo Su amor! ¡Una vez más cuán compuesto en cada movimiento, qué intachable en cada acción!

¡Cómo deseó la salvación de las almas, por cuyo amor Él se hizo hombre y murió! ¡Cómo en todo Su comportamiento fue modelo de todo bien, luz de todo hombre, su CAMINO, su VERDAD y su VIDA!

¡Una vez más cómo aguantó el trabajo, la pasión, el hambre, la sed y la fatiga total! ¡Cuán compasivo fue con todos los que sufrían! ¡Cómo se adaptó al débil, cómo se rebajó al humilde! Cómo evitó el escándalo. Cómo no rechazó a ningún pecador. Cuán gentilmente acogió a cada pecador. Qué tranquilo en todas sus palabras, cuán alentador a la buena voluntad, qué fuerte con los corazones duros. Cuán serio en la oración, qué rápido al prestar un servicio, diciendo: "Estoy en el medio de ustedes como él que sirve".

Una vez más, qué larga Su hora de oración. Cuán obediente a Sus padres. Cómo evitó cada signo de jactancia, cada demostración de ser extraordinario. ¡Cómo evitó la gloria de todo este mundo, todo el poder del mundo y todos los medios de este mundo para alcanzar el éxito!

Todo esto y mucho más viene a la mente cuando pensamos en Él. En Él encontramos un modelo para cada palabra y acción, moviéndonos o sentados, comiendo, en silencio o hablando, solos o con otros. Estúdielo y crecerá en Su amor. En Su compañía ganará dulzura y confianza, y se fortalecerá en cada virtud.

Deje que esta sea su sabiduría, su meditación, su estudio: tenerlo siempre en mente, para que se inspire a imitarlo, para ganar Su amor.—Arzobispo Goodier, S.J.

ORACIONES

Oración por los Siete Dones del Espíritu Santo

SEÑOR Jesucristo que antes de ascender al cielo prometiste enviar el Espíritu Santo para completar Tu obra en las almas de Tus apóstoles y discípulos, dígnate concederme el mismo Espíritu Santo para que Él perfeccione en mi alma la obra de Tu gracia y de Tu amor. Concédeme el Espíritu de Sabiduría para que pueda despreciar las cosas perecederas de este mundo y aspirar sólo a las cosas que son eternas, el Espíritu de Entendimiento para iluminar mi mente con la luz de Tu divina verdad, el Espíritu de Consejo para que pueda elegir siempre el camino más seguro de agradar a Dios y ganar el cielo, el Espíritu de Fortaleza para que pueda llevar mi cruz contigo y sobrellevar con ánimo todos los obstáculos que se opongan a mi salvación, el Espíritu de Conocimiento para que pueda conocer a Dios y conocerme a mí mismo y crecer en la perfección de la ciencia de los santos, el Espíritu de Piedad para que pueda encontrar el servicio de Dios dulce y amable, y el Espíritu de Temor de Dios para que pueda ser lleno de reverencia amorosa hacia Dios y que tema en cualquier modo disgustarlo. Márcame, amado Señor, con la señal de Tus verdaderos discípulos y anímame en todas las cosas con Tu Espíritu. Amén

A la Santísima Virgen María para pedir virtudes

MARÍA, madre de misericordia, otros te piden salud corporal y cosas mundanas, pero yo te pido lo que tú sabes que más necesito y lo que se conforme a la voluntad de tu puro corazón. Tú eres muy humilde, obtén para mí humildad y amor al desprecio. Tú fuiste paciente sufriendo las pruebas de la vida; obtén para mí paciencia y fortaleza. Tú eres muy caritativa hacia el prójimo; obtén que sea caritativo hacia todos, particularmente hacia aquellos que son de una manera u otra mis enemigos. Tú estás llena de amor a Dios; obtén para mí el don de Su puro y santo amor. Tú estás enteramente unida a la voluntad divina; obtén mi completa conformidad a la voluntad de Dios en todas las cosas. Tú eres la más santa de todas las criaturas, María; hazme un santo. Tú puedes hacerlo todo y tienes la voluntad de obtenerlo para mí. La única cosa, entonces, que puede evitar que reciba tus favores es negligencia de mi parte al recurrir a ti, o poca confianza en tu intercesión. Estos dones te pido, confiando ciegamente y esperando recibirlos, O María, mi Madre, mi esperanza, mi amor, mi vida, mi refugio, mi ayuda y mi consuelo. Amén.

Oraciones pidiendo humildad

A Dios Padre

DIOS, Tú resistes al orgulloso y das la gracia al humilde, dótame con la verdadera humildad que Tu Hijo divino nos dio con Su vivo ejemplo. Nunca permitas que Te enoje con mi orgullo, más bien hazme siempre consciente de mi humildad y falta de mérito y de mi total dependencia a Ti. Amén.

A Nuestro Señor

¡MI más humilde Jesús, que por amor a mí Te humillaste y fuiste obediente hasta llegar a la muerte en la Cruz, cómo me atrevo a aparecerme ante Ti y llamarme Tu seguidor, cuando soy tan orgulloso que no puedo soportar un simple desaire sin resentirlo! ¡Qué orgulloso soy, cuando por mis pecados he merecido a menudo ser desechado en el abismo del infierno! O Jesús, manso y humilde de corazón, ayúdame y hazme humilde como Tú. Tú por amor a mí soportaste muchos insultos y lesiones. Yo por amor a Ti, soportaré desaires y humillaciones pacientemente. Pero Tú, Jesús, puedes ver qué orgulloso soy en mis pensamientos, qué desdeñoso soy en mis palabras, qué ambicioso soy en mis acciones. Concédeme verdadera humildad de corazón y la certeza de saber que nada soy sin Ti. Que pueda por amor a Ti, disfrutar de ser despreciado y no resentirme cuando otros son preferidos y no yo. Que no me llene de orgullo cuando me elogien, sino solamente intente ser grande a Tu vista y satisfacerte solamente a Ti en todas mis acciones. Amén.

Oración para desprenderse de los bienes materiales

JESÚS, Tu elegiste una vida de pobreza y anonimato, concédeme la gracia de mantener mi corazón desprendido de las cosas transitorias de este mundo. Sé que eres mi único tesoro, pues Tú eres infinitamente más precioso que cualquiera otra posesión. Mi corazón está muy ansioso por las cosas vanas y pasajeras de este mundo. Permíteme estar siempre consciente de Tu advertencia: "¿De qué le sirve al hombre ganarse todo el mundo, pero perder su alma?" Concédeme la gracia de mantener siempre Tu santo ejemplo ante mis ojos para que yo desprecie la nada de este mundo y Te haga el objeto de todos mis deseos y afectos. Amén.

Oraciones pidiendo pureza

A San José

CUSTODIO de las vírgenes y padre santo, San José, a cuya custodia fiel fueron encomendadas la misma inocencia, Cristo Jesús y la virgen de vírgenes, María. Por estas queridas prendas, Jesús y María, te suplico me preserves de toda impureza para que pueda con una mente limpia, corazón puro y cuerpo casto, servir a Jesús y María todos los días de mi vida. Amén.

A San Luis de Gonzaga

San Luis adornado de angélicas virtudes, te encomiendo la castidad de mi alma y de mi cuerpo. Te ruego encomendarme al Cordero Inmaculado, Jesucristo, y a Su Santísima Madre, Virgen de vírgenes, y protegerme de todo pecado. No permitas que me corrompa con la menor impureza. Cuando me veas en tentación o en peligro de pecar, aleja de mi corazón todo pensamiento y afecto impuro. Despierta en mí la idea de la eternidad y de Jesús crucificado. Imprime profundamente en mi corazón un santo temor de Dios. Ilumíname con Su divino amor y concédeme la gracia de imitarte en la tierra para que goce de Dios contigo en el cielo. Amén.

Oración para vencer la pereza y la tibieza

DIOS mío, sé muy bien que una vida negligente como la mía no Te complace. Sé que con mi tibieza, he cerrado la puerta a las gracias con las que Tú deseas bendecirme. Dios mío, no me rechaces como merezco, más bien, sé misericordioso conmigo y dame la gracia de dejar este miserable estado. En el futuro trataré de superar mis pasiones, seguir Tus inspiraciones y no omitir mis obligaciones, sino que me esforzaré por cumplirlas con diligencia y fidelidad. A partir de ahora haré todo lo que pueda para complacerte y no descuidaré lo que sé que Te complace, ya que Tú, mi buen Jesús, has dado Tu Sangre y Tu vida por nosotros y has sido tan generoso con Tus bendiciones. Estoy arrepentido de haber actuado con tan poca generosidad hacia Ti, que eres digno de todo honor y amor. Jesús, Tú conoces mis debilidades, ayúdame a vencerlas con Tu gracia poderosa; en Ti pongo toda mi confianza. Inmaculada Virgen María, ayúdame a superarme y a llegar a ser santo. Amén.

Oración para superar un mal hábito

MÍRAME, Dios mío, no merezco Tu misericordia, mi Redentor, pero la Sangre que derramaste por nosotros me da la esperanza de alcanzarla. Muy a menudo Te he ofendido, me he arrepentido y he caído otra vez en el mismo pecado. Dios mío, quiero alejar estos defectos y serte fiel. Pongo toda mi confianza en Ti. Recurriré a Ti instantáneamente cuando esté tentado. Hasta ahora he confiado en mis promesas y resoluciones y he descuidado encomendarme a Ti en mis tentaciones. Esta ha sido la causa de mis repetidas fallas. A partir de hoy, mi Señor, sé Tú mi fuerza y así podré hacer todo, porque, "todo lo puedo en Cristo que me conforta". Amén.

Oración para vencer un vicio como la intemperancia o impureza

DIOS mío, Tú que rompiste las cadenas del Santo Apóstol Pedro y lo sacaste de la prisión ileso, suelta el vínculo de Tu sirviente *(decir el nombre)*, que se haya en cautiverio con el vicio de *(nombrar el vicio).* Y por los méritos del mismo Apóstol, concédele librarse de esa tiranía. Quita de su corazón todo excesivo amor al placer y las gratificaciones sensuales para que viviendo con seriedad, justa y piadosamente, pueda gozar de la vida eterna junto a Ti. Amén.

Oración para alejar los malos pensamientos

DIOS Todopoderoso y Eterno, mira favorablemente mi súplica y libera mi mente de todo pensamiento maligno para que pueda ser contado entre las dignas moradas del Espíritu Santo. Derrama en mi corazón el resplandor de Tus gracias, que siempre piense cosas dignas de Tu Divina Majestad, que Te complazca y Te ame eternamente. Por Jesucristo, Nuestro Señor. Amén.

Oración pidiendo iluminación

DIOS, que no rechazas a nadie, sino que Te apaciguas misericordiosamente con el arrepentimiento de los pecadores más grandes, considera compasivamente nuestras humildes oraciones e ilumina nuestros corazones para que podamos cumplir Tus mandamientos, por Jesucristo, Nuestro Señor. Amén

Dios sabe

JESÚS, cuando todo se dificulta,
cuando mi cuerpo está cansado,
cuando mi mente está nublada,
cuando mi alma está turbada,
cuando soy una carga para mí mismo,
cuando soy un escándalo para los demás,
cuando mis mejores amigos parecen estar en contra
mía, cuando cada puerta se cierra:
permíteme recordar a mí mismo,
lo que yo soy y lo que merezco.
Mi pequeñez sólo sirve para ser pisoteada,
mi inconstancia completamente inestable,
mi pecaminosidad merece una peor condena,

mi egoísmo buscando siempre su interés,
mi crueldad hacia otros en el mismo estado,
Y déjame ver Tu mano en todo.
Déjame acordarme de Ti,
quién eres y lo que mereces,
y también lo que has recibido.
A quien nadie podría acusar de un pecado,
pero encontró ser el escándalo de muchos.
Quién no lastimaría ni a una caña dañada,
pero cuya alma sufrió hasta la muerte.
Quién por mi soportó la vergüenza
y aguantó la cruz.
Déjame recordar a mi Padre,
quién es fiel,
quién no me prueba más de lo que puedo soportar,
quién reina poderosamente de principio a fin
y dispuso todas las cosas dulcemente.
Quién saca el bien del mal,
quién es dulce y suave.
Y misericordioso hacia todos los que lo aman.

—Arzobispo Goodier, S.J.

Oración pidiendo gracia

DIOS mío, recuerda el momento en el que por primera vez colmaste mi alma con Tus gracias, lavándome del pecado original, para que me cuentes entre el número de Tus hijos. Dios Todopoderoso y Eterno, concédeme en Tu infinita misericordia, por los méritos y la Sangre derramada de Tu Divino Hijo, Jesucristo y por las penas y dolores de la Santísima Virgen María, la gracia que Tú desees que yo reciba este día para Tu gloria y mi salvación. Amén.

Sagrado Corazón de abundante amor, confío en Ti, aun que temo a todo debido a mi propia debilidad, tengo la esperanza en todo debido solo a Tu bondad.

Purísimo Corazón de la Santísima Virgen María, obtén para mí de tu Hijo amado un corazón puro y humilde. Amén.